Pastor australiano

Grace Hansen

Abdo PERROS Kids

Abdo Kids Jumbo es una subdivisión de Abdo Kids
abdobooks.com

abdobooks.com

Published by Abdo Kids, a division of ABDO, P.O. Box 398166, Minneapolis, Minnesota 55439.

Printed in China

052024

092024

THIS BOOK CONTAINS RECYCLED MATERIALS

Spanish Translator: Maria Puchol

Photo Credits: Alamy, iStock, Shutterstock, Thinkstock

Production Contributors: Teddy Borth, Jennie Forsberg, Grace Hansen
Design Contributors: Dorothy Toth, Pakou Moua

Library of Congress Control Number: 2023950278

Publisher's Cataloging-in-Publication Data

Names: Hansen, Grace, author.

Title: Pastor australiano/ by Grace Hansen

Other title: Australian shepherds. Spanish

Description: Minneapolis, Minnesota: Abdo Kids, 2025. | Series: Perros | Includes online resources and index

Identifiers: ISBN 9798384902065 (lib.bdg.) | ISBN 9798384902621 (ebook)

Subjects: LCSH: Sheep dogs--Juvenile literature. | Herding dogs--Juvenile literature. | Dogs--Juvenile literature. | Animal behavior--Juvenile literature. | Spanish language materials--Juvenile literature.

Classification: DDC 599.772--dc23

Contenido

Los pastores australianos

En el siglo XIX **pastores vascos** migraron a Estados Unidos desde Australia. Con ellos llevaban perros. De estos perros surgió la **raza** pastor australiano.

El pastor australiano, también llamado *aussie*, empezó como un perro hábil de granja y rancho. Hoy en día, los *aussies* también son perros guía y **perros de terapia**, incluso perros policía o de rescate.

SERVICE DOG
IN TRAINING
DO NOT TOUCH

Los *aussies* son perros de mediana estatura. Tienen las patas fuertes y el cuerpo musculoso.

El pelo de los *aussie* es largo y puede ser ondulado o liso. Los hay de muchos atractivos colores.

Pueden ser negros, rojizos o gris azulado. Algunos tienen el patrón de pelaje **merle**. También pueden tener marcas blancas o de color tostado.

Los ojos de los *aussies* pueden ser color café, azul o ámbar. Algunos tienen los ojos de dos colores diferentes e incluso, en uno de ellos, puntos de diferentes colores.

Cuidados

Estos pastores necesitan un cepillado semanal, así mantienen el pelaje sano y les ayuda con la **muda de pelo**.

Ejercicio

Los *aussies* pueden vivir en la ciudad, pero les gusta más tener un buen jardín. Necesitan mucho ejercicio. Cuando dejan de crecer, pueden ser muy buenos compañeros para salir a correr.

Personalidad

Son unas mascotas estupendas. Son inteligentes, dóciles y leales. Aparte de recibir amor y cuidados, necesitan estar ocupados.

Más datos

- Todavía en el oeste de Estados Unidos hay perros pastores australianos que se dedican a cuidar rebaños de ganado.
- Pueden vivir entre 12 y 15 años.
- Los perros pastores australianos pertenecen a la **raza** de perros de pastoreo, es decir, que tienen la capacidad de controlar a otros animales en sus desplazamientos.

Glosario

leal – mostrar devoción y lealtad a alguien.

merle – patrón en la piel o pelaje que crea manchas de colores.

mudar el pelo – perder o soltar pelo.

pastor vasco – persona conocida por ser un experto en pastoreo en la frontera entre Francia y España. A principios del siglo XIX, muchos vascos viajaron a Australia con sus perros para pastorear ovejas. Más tarde llegaron a California, donde los ganaderos conocieron a esos asombrosos perros.

perro de terapia – perro que con su dueño visita a personas para reconfortarlas o animarlas. Son diferentes de los perros de servicio que están especialmente adiestrados para realizar tareas específicas.

raza – tipo de animal.

Índice